Marcus Pfister

¿Por qué los colores son tan coloridos?

El libro de las preguntas

Título original: *Was macht die Farben bunt*
Traducción: Enriqueta Naón Roca
Adaptación: Cristina Alemany

ARGENTINA: Demaría 4412 (C1425 AEB) Buenos Aires
Tel./Fax: (54-11) 4778-9444 y rotativas
e-mail: editorial@vreditoras.com

MÉXICO: Av. Tamaulipas 145, Colonia Hipódromo Condesa
CP 06170 - Delegación Cuauhtémoc, México D. F.
Tel./Fax: (5255) 5220-6620/6621 • 01800-543-4995
e-mail: editoras@vergarariba.com.mx

ISBN: 978-987-612-531-4

Impreso en China
Printed in China

Diciembre de 2012

Pfister, Marcus
Por qué los colores son tan coloridos? :
el libro de las preguntas / Marcus Pfister;
ilustrado por Marcus Pfister. - 1a ed. - Ciudad
Autónoma de Buenos Aires: V&R, 2012. 32 p.:
il.; 21x30 cm.
Traducido por: Enriqueta Naón Roca
ISBN 978-987-612-531-4
1. Literatura Infantil . I. Pfister, Marcus, ilus. II.
Naón Roca, Enriqueta, trad. III. Título
CDD 863.928 2

Marcus Pfister

nació en Berna, Suiza. Estudió en la Escuela de Arte
de Berna y completó su formación en arte y diseño
en una agencia de publicidad de Zürich.
Luego de viajar por México, Estados Unidos y Canadá,
regresó a su país natal para trabajar como diseñador
gráfico independiente.
Es autor de 49 libros, que han sido traducidos
a más de 50 idiomas y han vendido 30 millones
de ejemplares.
Padre de cuatro hijos, vive con su familia en Berna
y continúa sorprendiéndonos con sus nuevos trabajos.

Marcus Pfister

¿Por qué los colores son tan coloridos?

El libro de las preguntas

V&R
EDITORAS

¿Cómo sabe la semilla qué hacer para crecer,
para brotar de la tierra hacia un nuevo amanecer?

¿Quién pinta los tonos de las plantas y las flores

que con sol o con nubes nos regalan sus colores?

¿Quién abre el grifo de la lluvia en el cielo

y luego trae al sol para que seque el suelo?

A los pájaros… ¿quién les enseña a cantar?

¿Y quién le dice al verano que ya es hora de llegar?

¿Quién tiñe a las hojas de amarillo,
ocre y castaño

y luego las hace caer, en otoño, cada año?

¿Acaso sueña la semilla de manzana
que será un árbol con frutos el día de mañana?

¿Será que hay millones o trillones de conchillas,

en el mar, en la playa y muchas más en la orilla?

La piedra que arrojo ahora en el mar,

¿con cuántos peces se podrá encontrar?

¿Quién le enseña a volar a las mariposas,

que salpican sus colores por el cielo,
entre las rosas?

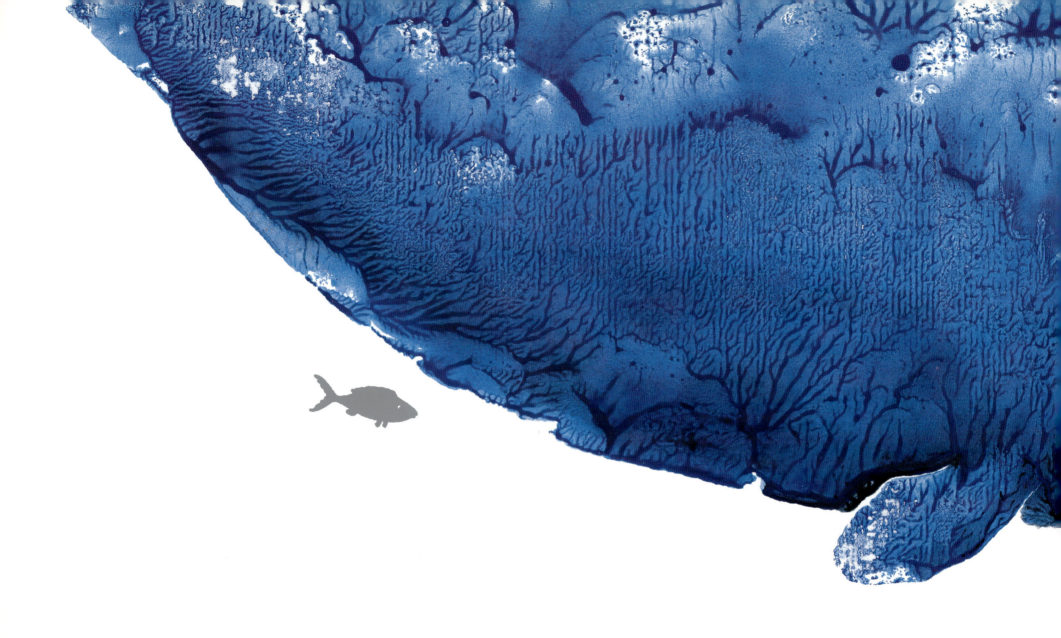

¿Acaso la ballena canta siempre una canción

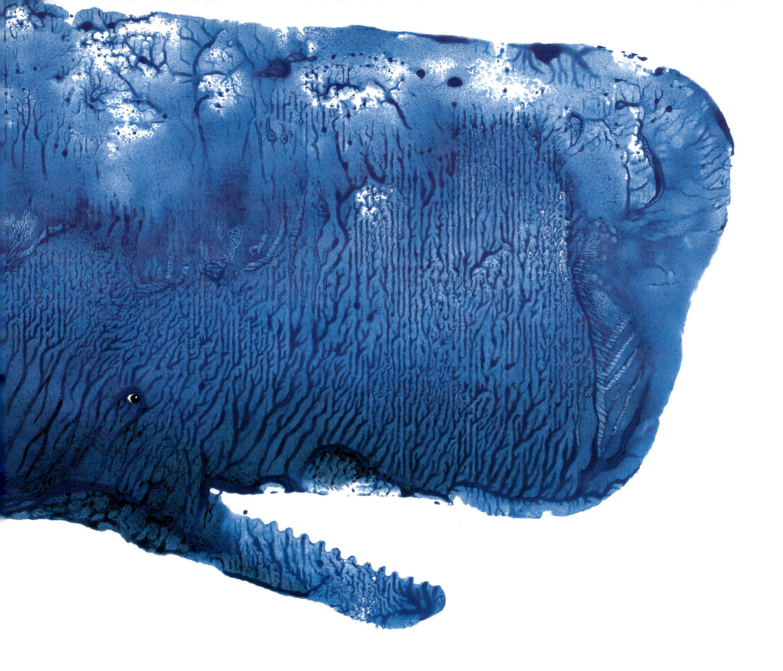

para que otros compartamos con ella su emoción?

¿Cómo saben las aves cuándo
es tiempo de migrar

y de levantar las alas rumbo a un mejor lugar?

¿Por qué la tierra arde en el centro como un leño?

¿Por qué a veces me siento indefenso
y muy pequeño?

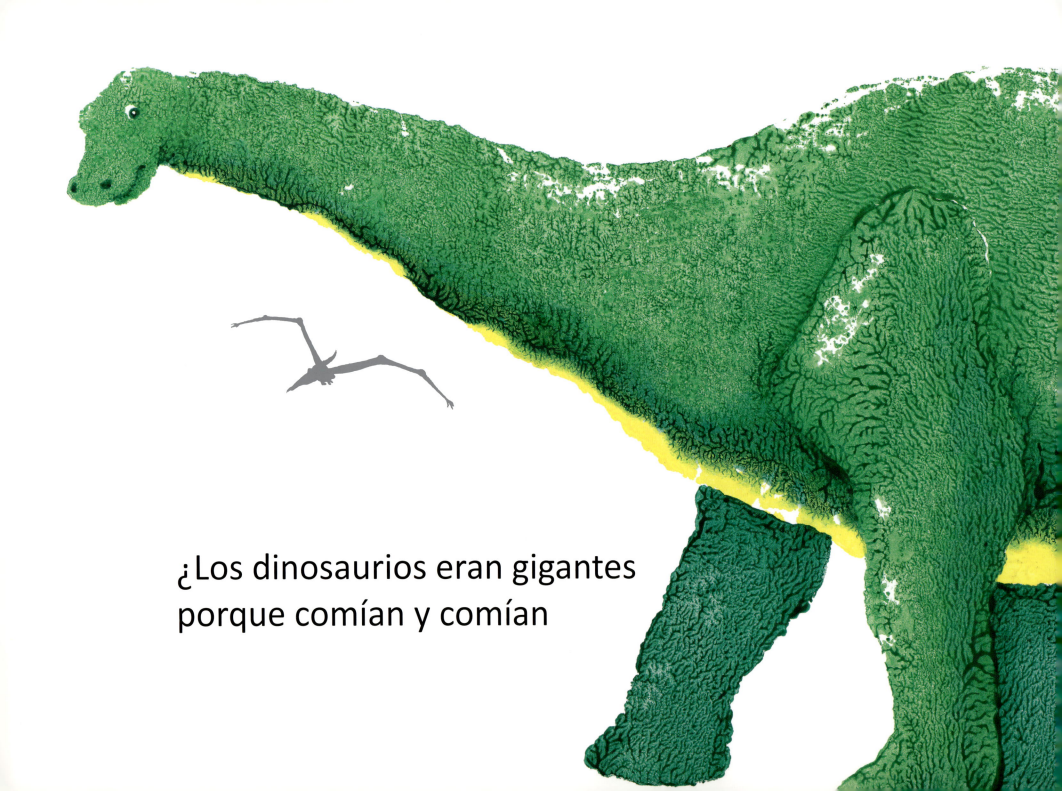

¿Los dinosaurios eran gigantes
porque comían y comían

para volverse más grandes
y más fuertes cada día?

Viento y lluvia. Sol y lodo.
¿Cómo hago para saber todo?
Aves, flores, aire y mar...
¡Cuánto hay para preguntar!

¿Cómo sabe la semilla qué hacer para crecer,
para brotar de la tierra hacia un nuevo amanecer?

¿Quién pinta los tonos de las plantas y las flores
que con sol o con nubes nos regalan sus colores?

¿Quién abre el grifo de la lluvia en el cielo
y luego trae al sol para que seque el suelo?

A los pájaros… ¿quién les enseña a cantar?
¿Y quién le dice al verano que ya es hora de llegar?

¿Quién tiñe a las hojas de amarillo, ocre y castaño
y luego las hace caer, en otoño, cada año?

¿Acaso sueña la semilla de manzana
que será un árbol con frutos el día de mañana?

¿Será que hay millones o trillones de conchillas,
en el mar, en la playa y muchas más en la orilla?

La piedra que arrojo ahora en el mar,
¿con cuántos peces se podrá encontrar?

¿Quién le enseña a volar a las mariposas,
que salpican sus colores por el cielo, entre las rosas?

¿Acaso la ballena canta siempre una canción
para que otros compartamos con ella su emoción?

¿Cómo saben las aves cuándo es tiempo de migrar
y de levantar las alas rumbo a un mejor lugar?

¿Por qué la tierra arde en el centro como un leño?
¿Por qué a veces me siento indefenso y muy pequeño?

¿Los dinosaurios eran gigantes porque comían y comían
para volverse más grandes y más fuertes cada día?

Viento y lluvia. Sol y lodo. ¿Cómo hago para saber todo?
Aves, flores, aire y mar… ¡Cuánto hay para preguntar!

¡Tu opinión es importante!

Escríbenos un e-mail a **miopinion@vreditoras.com**
con el título de este libro en el "Asunto".

Conócenos mejor en:

www.vreditoras.com
facebook.com/vreditoras